김경필의 1억 만드는
짠테크 가계부
2026

김경필 머니 트레이너

경제 무개념과 과소비가 넘쳐나는 세상에 혜성같이 등장한 국민 경제 멘토. 흙수저 직장인 출신이지만 강력한 저축과 특별한 재테크 수완으로 만 40세가 되기 전에 강남 입성에 성공했다. 이후 경제 문제로 고민하는 이들에게 뼈 때리는 진단과 실속 있는 해결 방안을 제시하며 섭외 1순위 금융 전문가로 떠올랐다. 누적 조회 수 4,000만 뷰 이상의 〈부티플〉 유튜브 '김경필의 돈쭐남' 코너를 진행 중이다.
저서로는 《결국 당신은 아파트를 사게 된다》《딱 1억만 모읍시다》《김경필의 오늘은 짠테크 내일은 플렉스》 등이 있다.

김경필의 1억 만드는 짠테크 가계부 2026

1판 1쇄 인쇄 2025. 9. 23.
1판 1쇄 발행 2025. 9. 30.

지은이 김경필

발행인 박강휘
편집 임여진 | 디자인 지은혜 | 마케팅 정성준 | 홍보 이한솔·강원모
발행처 김영사
등록 1979년 5월 17일(제406-2003-036호)
주소 경기도 파주시 문발로 197(문발동) 우편번호 10881
전화 마케팅부 031)955-3100, 편집부 031)955-3200 | 팩스 031)955-3111

저작권자 ⓒ 김경필, 2025
이 책은 저작권법에 의해 보호를 받는 저작물이므로
저자와 출판사의 허락 없이 내용의 일부를 인용하거나 발췌하는 것을 금합니다.

값은 뒤표지에 있습니다.
ISBN 979-11-7332-323-2 13590

홈페이지 www.gimmyoung.com 블로그 blog.naver.com/gybook
인스타그램 instagram.com/gimmyoung 이메일 bestbook@gimmyoung.com

좋은 독자가 좋은 책을 만듭니다.
김영사는 독자 여러분의 의견에 항상 귀 기울이고 있습니다.

김경필의 1억 만드는
짠테크 가계부 2026

종잣돈 모으기에서
내 집 마련까지,
쓰는 만큼 모인다!

김영사

차례

+ 머리말 | 가계부를 쓰는 사람은 절대로 가난해질 수 없다 ◆ 6
+ 짠테크 가계부 사용설명서 ◆ 8

◆ Part 1 ◆ 계획 세우기

+ 1단계 | 소비 점검 ◆ 12
　　　　　나의 소비 유형 테스트 ◆ 13
+ 2단계 | 자산 파악 ◆ 16
+ 3단계 | 목표 설정 ◆ 18
+ 4단계 | 예산 짜기 ◆ 20
+ 플러스 | 내 집 마련 플랜 ◆ 22
　　　　　위치가치 점검 리스트 ◆ 25

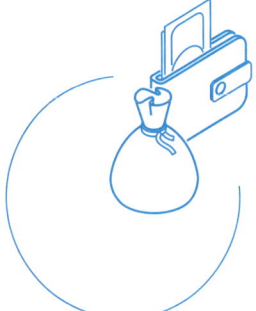

◆ **Part 2** ◆ 실전 가계부 쓰기

✚ 2026 연간 달력 ◆ 28 | 경조사 리스트 ◆ 30 | 차계부 ◆ 31

12월 저축은 수입의 60%로 시작하라 ◆ 33
1월 적금, 내는 돈보다 타는 돈을 보라 ◆ 49
2월 소비하기 전 물어야 할 3가지 ◆ 65
3월 우리 집 최적의 식비 찾기 ◆ 81
4월 결혼 후 15년, 내 집 마련의 골든타임 ◆ 99
5월 소득 대비 적절한 전세자금은 얼마일까? ◆ 115
6월 집값이 너무 올라서 집을 못 산다고? ◆ 131
7월 인구 감소로 인한 폭락장은 오는가? ◆ 147
8월 주식보다 아파트가 좋은 이유 ◆ 163
9월 주택 가격은 무엇으로 구성돼 있을까? ◆ 181
10월 지역별 '강남'의 4가지 조건 ◆ 197
11월 통장에 돈을 남겨두지 말라 ◆ 213
12월 자동차, 필수품일까, 허세일까? ◆ 231

✚ 2026 연간 결산 ◆ 246 | 2026 돌아보기 ◆ 248

머리말

가계부를 쓰는 사람은
절대로 가난해질 수 없다

우리는 모두 경제적 안정을 바란다. 그 경제적 안정은 원금과 시간 그리고 수익률의 곱에 의해서 결정된다. 많은 사람은 "수익률이 곧 재테크의 전부다"라고 말하지만 실상 수익률은 시간이 지나면 생각보다 크게 차이 나지 않는다. 재테크의 결과는 누가 더 많은 원금을 지속적으로 투자했는가로 결정된다. 따라서 수익률을 1% 올리기 위해 PC나 휴대전화를 들여다보며 에너지를 쓰기보다 먼저 쓸데없이 돈을 쓰지 않는 것이 가장 중요하다. 그게 바로 수익률 100%를 달성하는 방법이기 때문이다.

이 세상은 먼저 많이 저축하고 남는 돈으로만 생활하려는 사람, 그리고 그와 반대로 먼저 돈을 써버리고 혹시 남으면 저축을 해보겠다는 사람으로 나뉜다. 만일 당신이 후자라면 언제나 돈이 부족할 것이고, 적은 원금으로 큰 결과를 만들기 위해서 본인의 성향보다 더 욕심을 내며 투기적 행동에 나설 가능성이 크다. 따라서 단언컨대 쓸데없이 돈을 쓰지 않는 것이 재테크의 첫걸음이다.

그런 의미에서 이 세상은 가계부를 쓰는 사람과 쓰지 않는 사람으로도 나뉜다. 아직도 가계부를 쓸 결심만 하고 행동에 옮기지 못했다면 이번 기회에 가계부 쓰기에 도전해보라. 가계부를 쓰는 것만으로 부자가 될 수는 없지만 가계부를 쓴다면 어떠한 경우라도 가난해지지 않을 것이며, 돈에 관한 올바른 태도를 갖추게 될 것이다.

김경필

짠테크 가계부 사용설명서

● 월초 계획 세우기

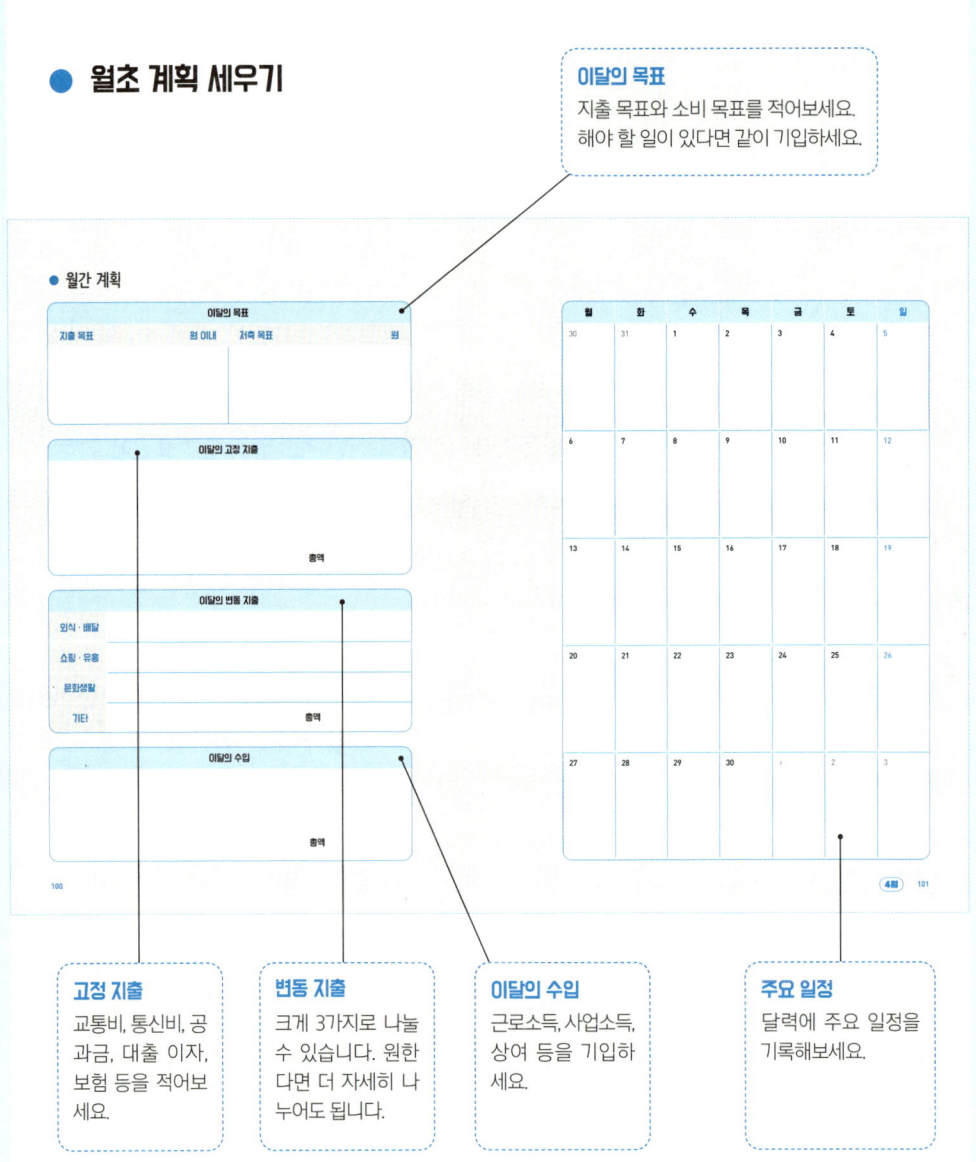

이달의 목표
지출 목표와 소비 목표를 적어보세요.
해야 할 일이 있다면 같이 기입하세요.

고정 지출
교통비, 통신비, 공과금, 대출 이자, 보험 등을 적어보세요.

변동 지출
크게 3가지로 나눌 수 있습니다. 원한다면 더 자세히 나누어도 됩니다.

이달의 수입
근로소득, 사업소득, 상여 등을 기입하세요.

주요 일정
달력에 주요 일정을 기록해보세요.

● **매일 가계부 쓰기**

이주의 한마디
김경필 머니 트레이너의 정신이 번쩍 드는 한마디로 한 주를 시작합니다.

기타
수입, 저축, 기타 메모를 적습니다.

유형별 지출
자신의 소비 스타일에 맞춰 카테고리를 정하고(20쪽 참조) 상세하게 적어보세요.

결제 수단
신용카드, 체크카드, 현금 사용 금액을 한 번 더 체크할 수 있습니다. 지출이 없는 날은 스스로를 칭찬해줍시다!

주간 결산
한 주가 끝날 때마다 그 주에 쓴 비용을 정산합니다.

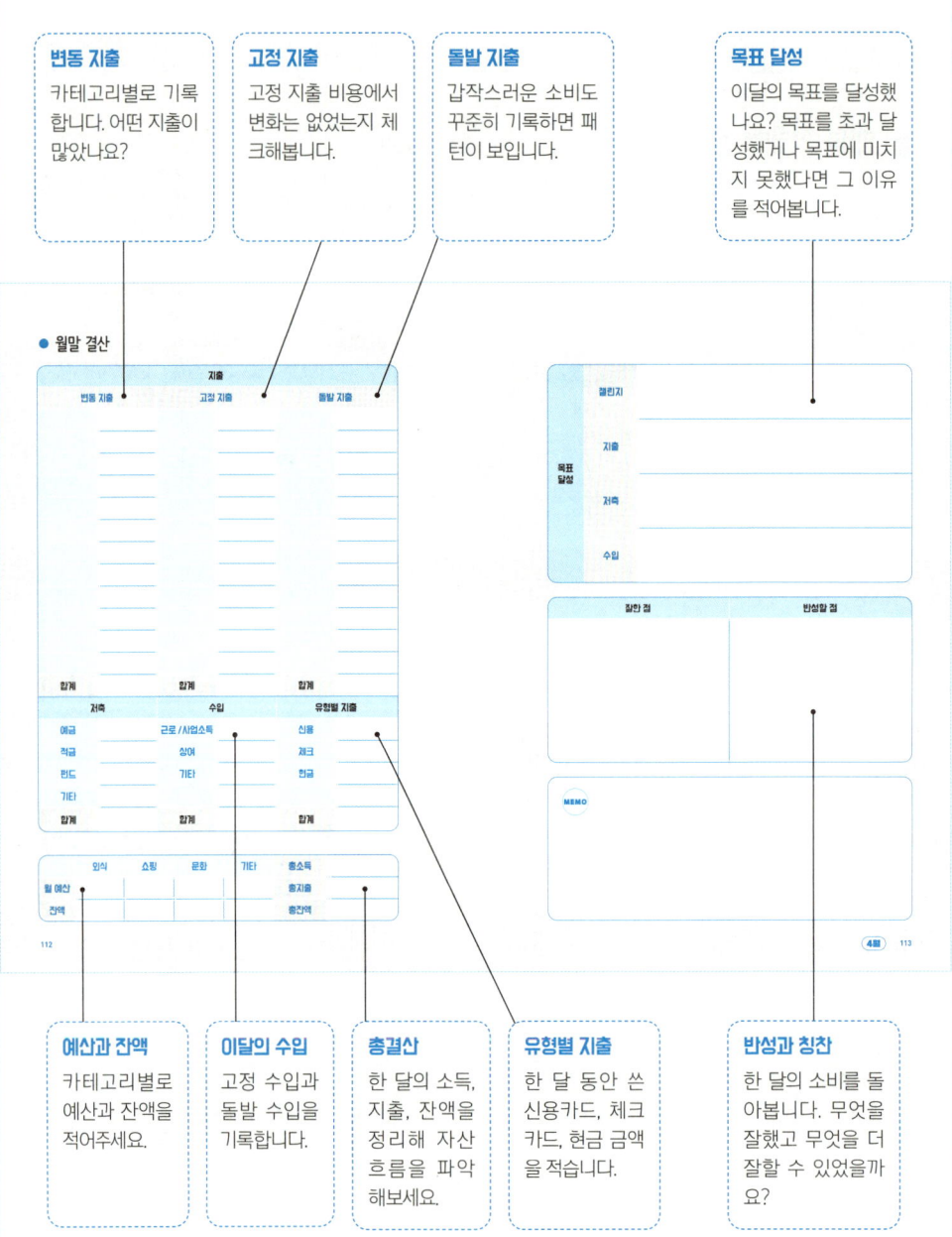

PART 1

계획
세우기

1단계
소비 점검

영수증을 보면 나의 소비 습관이 보인다.
나는 어떤 소비를 했는지 작년 한 해를 되짚어보자.

2025년 가장 컸던 소비

2025년 가장 잦았던 소비

2025년 가장 후회했던 소비

2025년 가장 잘했던 소비

나의 소비 유형 테스트

소비 MBTI(Money Bias and Tendency Indicator)는 나의 소비 기질과 성향을 나타낸다. 소비의 옳고 그름을 판단하는 기준은 아니라는 점을 명심하자.

돈 관리 기질 | 체크

1. 통장 잔액과 최근 지출 내역을 자주 확인한다
2. 큰돈 쓸 일이 생길까 뵈 염려되고 기분이 좋지 않았던 적이 있다
3. 할인 행사, 할인 카드, 포인트 적립 등을 꼼꼼히 챙기면서 소비한다
4. 월수입과 지출 내용에 대해서 어느 정도 알고 있다
5. 어쩌다 충동구매를 하게 되면 후회한다
6. 소득과 저축, 소비를 자주 기록하고 정리한다
7. 돈 문제로 어려움을 겪을 미래를 염려한다

해당하는 것이 적을수록 ▶ 관대함, 여유, 방임 **G**
해당하는 것이 많을수록 ▶ 관리, 절약, 통제 **E**

소비의 일관성 | 체크

1. 평월 생활비는 일정한 편이다
   * 평월 생활비 – 여행, 경조사, 자동차 보험료 등 계절적인 지출을 제외한 평상시 생활비
2. 매월 생일, 기념일 등 이벤트에 사용하는 비용이 월평균 소득의 5% 미만이다
   * 월평균 소득 – 상여, 보너스 합산 후 12개월로 나눈 소득
3. 1년 명절 비용이 월평균 소득의 50% 미만이다
   * 명절 비용 – 설과 추석 귀성 여비, 선물 등에 사용한 비용
4. 1년 여행 비용이 월평균 소득의 100% 미만이다
5. 여행 계획은 최소 6개월 전부터 세운다
6. 1년 겨울 의류 구입 비용이 월평균 소득의 50% 미만이다
7. 마이너스 통장 또는 장기할부를 사용해본 적이 없다

해당하는 것이 적을수록 ▶ 불규칙, 변화 **I**
해당하는 것이 많을수록 ▶ 일관, 안정 **R**

소비 스타일   체크

	나의 월평균 소득과 엥겔지수는? (1인 가구 기준으로 계산) ＊ 엥겔지수 – 음료와 베이커리 제외 식비, 외식비, 배달비가 소득에서 차지하는 비중	
1	① 월평균 소득 500만 원 미만, 엥겔지수는 소득의 25% 이상이다	
	② 월평균 소득 500만~800만 원, 엥겔지수는 소득의 20% 이상이다	
	③ 월평균 소득 800만 원 이상, 엥겔지수는 소득의 15% 이상이다	
2	매월 음주와 간식(배달 음식 제외)에 사용하는 비용이 월평균 소득의 15% 이상이다	
3	소문난 맛집이나 유명 식당을 찾아가는 편이다	
4	운동 외 독서, 영화, 공연, 관람 등 문화생활을 즐긴다	
5	월 쇼핑 비용이 월 식생활비의 70% 미만이다	
6	생활필수품을 제외한 월 쇼핑 비용이 월평균 소득의 15% 미만이다	
7	월간 카드 총결제 횟수가 25회 미만이다	

해당하는 것이 적을수록 ▶ 쇼핑, 패션 **S**
해당하는 것이 많을수록 ▶ 관리, 절약, 통제 **F**

여가 스타일   체크

1	여가 시간에 운동을 즐긴다	
2	야구, 축구, 농구 등 참여하는 구기 종목이 있다	
3	1박 이상 국내/해외 여행을 1년에 4~5회 이상 간다	
4	운동, 종교, 기타 정기적인 모임에 참여한다	
5	월 교통비(주유비 포함)가 월평균 소득의 10% 이상이다	

해당하는 것이 적을수록 ▶ 평안, 휴식 **Q**
해당하는 것이 많을수록 ▶ 운동, 소통 **D**

유형별 MBTI 진단

	유형	부자 될 확률	비율
EIFD	절제가 쉽지 않아 고민 중인 활동가	20.1%	8.1%
EIFQ	변화와 도전을 꿈꾸는 차분한 관리지	21.9%	7.4%
EISD	패션과 스타일을 중시하는 외향형의 활동가	9.3%	3.4%
EISQ	절제가 쉽지 않지만 노력 중인 멋쟁이	18.1%	3.9%
ERFD	절제할 줄 아는 멋진 활동가	35.3%	12.1%
ERFQ	차분하고 엄격한 자기관리 끝판왕	38.5%	13.4%
ERSD	절제할 줄 알며 패션과 스타일을 중시하는 활동가	28.3%	6.5%
ERSQ	관리형이나 쇼핑도 즐기는 멋쟁이	30.3%	6.3%
GIFD	낭만과 감성을 아는 기분파 활동가	10.7%	8.4%
GIFQ	낭만과 감성을 아는 자유로운 영혼의 소유자	11.5%	8.6%
GISD	패션과 낭만 그리고 감성을 중시하는 외향형 활동가	8.4%	3.4%
GISQ	자분하고 조용한 자유로운 영혼의 소유자	19.0%	4.2%
GRFD	절제할 줄 아는, 만남을 즐기는 활동가	40.3%	3.9%
GRFQ	만남을 즐기지만 절제할 줄 아는 차분한 스타일	42.5%	3.4%
GRSD	자유로운 영혼의 패션과 스타일을 중시하는 활동가	23.0%	3.9%
GRSQ	자유로운 성향의, 쇼핑을 즐기는 멋쟁이	24.3%	3.1%

2단계
자산 파악

나의 자산을 알면 갈 길이 보인다.
보험, 대출, 카드 등을 한자리에 정리해보자.

저축(예금, 적금, 펀드 등)

상품명	은행	월 납입액	만기일	기타

보험

상품명	보험사	월 납입액	만기일	기타

대출

대출	은행	월 납입 이자	원금 상환액	만기일	기타

카드

카드명	카드사	보유자	결제 계좌	결제일	기타

고정 수입 / 지출

항목	수입/지출처	수입/지출 방식	예정일	금액	기타

3단계
목표 설정

자산을 파악했다면 이제 계획 차례다.
단기 목표, 중장기 목표, 장기 목표를 세워보자.
그리고 기억하자. 가장 중요한 것은 저축이다!

한눈에 보는 저축 플랜

	2025	2026	2027	2028	2029
종잣돈					
저축액					
총액					
메모					

	2030	2031	2032	2033	2034
종잣돈					
저축액					
총액					
메모					

1년 목표

5년 목표

10년 목표

4단계
예산 짜기

저축과 투자 계획을 세웠다면 남는 소득을 어떻게 소비할지 계획을 세워보자.

주요 예산 항목

고정 지출	월 예산(변동 지출)	연간 예산(계절 지출)
교통비, 통신비, 공과금, 대출이자, 모임회비 등	① 외식·배달 비용 ② 쇼핑·유흥 비용 ③ 문화생활 비용	① 명절 비용 ② 여행·휴가 비용 ③ 이벤트 비용 ④ 겨울 의복 비용

월 예산을 짤 때는 고정 지출 예산보다는 변동 지출 예산을 세부적으로 정하는 게 좋다. 계절 지출의 경우 월평균 소득의 1.5배 이내로 총액을 정하고, 그 금액의 12분의 1을 매월 계절 지출 통장에 이체하면 된다.

예산을 세웠다면 소비 카테고리도 정리해보자. 같은 소비라도 사람에 따라 다르게 분류할 수 있다.

나의 소비 카테고리

예: 집밥, 간식, 외식·배달, 생활용품, 의류·미용, 문화생활, 교통, 의료, 교육…

변동 지출

	세부 항목	금액	총액	기타
외식·배달				
쇼핑·유흥				
문화생활				
기타				

계절 지출

	세부 항목	금액	총액	기타
명절				
여행·휴가				
이벤트				
겨울 의복				

플러스
내 집 마련 플랜

여윳돈이 생겼는가? 내 집 마련 계획부터 세우자.
내 집 마련은 평생 힘들게 번 돈을
가장 안전하게 지키는 일이다.

① 계획 세우기

1. 시간 목표 정하기

결혼했다면 15년 이내에, 싱글이라면 50세 전까지는 내 집을 마련해야 한다.

구분	골든타임	남은 기간	비고
미혼 □ 기혼 □	년 월	년	

2. 자금 목표 정하기

집값에서 대출이 20% 이하여야 '진정한 집주인'이 되었다고 할 수 있다.

	소득	저축 가능 금액	골든타임	ⓐ 투여 가능 금액
본인:	만 원	만 원	년	만 원
배우자:	만 원	만 원	년	
ⓑ 최초 전세 자금		미래 주택 자금		현재 화폐 가치
만 원	ⓐ+ⓑ (	만 원)÷80%=	만 원	만 원

3. 목표 지역. 평형. 형태 정하기

같은 지역이라도 3개 이상의 매물을 비교해야 한다.

목표 기간	자금 목표	지역			평형	형태*
년 월	억 원	시	구	동		
년 월	억 원	시	구	동		
년 월	억 원	시	구	동		

* 아파트, 빌라, 연립주택 등

4. 현재 저축 현황 파악하기

부자 되기의 시작은 정기 적금이다. 이율에 너무 신경 쓰지 말자.

상품명	월 납입 금액	만기	만기액	저축 비중
	만 원	년 월		%
	만 원	년 월		%
	만 원	년 월		%

5. 저축 재설정하기

소액 적금을 여러 개 들면 결국 돈이 흩어진다. 기간은 길게, 목표는 크게 잡아보자.

상품명	월 납입 금액	만기	만기액	저축 비중
	만 원	년 월		%
	만 원	년 월		%
	만 원	년 월		%

② 위치가치 평가하기

아파트에서 가장 중요한 것은 '위치가치'다. 아파트가 위치한 지역의 치안, 교육, 교통, 자연 환경은 으뜸 거주지를 고르는 가장 중요한 기준이다. 다음 '위치가치 점검 리스트'를 보고 점수를 매겨보자. 4개의 항목 중에서 어느 것이 집값에 가장 큰 영향을 미치는지 그 비율을 확인해서 최종 점수에 반영해야 한다.

주택시장의 결정 요인

	치안	교육	교통 및 도심접근성	자연
부유층	35%	35%	15%	15%
중산층	30%	30%	30%	10%
서민층	15%	15%	60%	10%

위치가치 평가를 위해 굳이 구분해보자면 서울의 경우 부유층 주택시장은 $3.3m^2$당 6,600만 원 이상, 중산층 주택시장은 $3.3m^2$ 당 3,960만 원~6,600만 원, 서민층 주택시장은 $3.3m^2$당 3,960만 원 이하인 지역으로 나눌 수 있다.

점수 계산 예시

A 아파트 (서민층 주택시장)

① **치안**: 11점 × 15% = 1.65점   ② **교육**: 14점 × 15% = 2.1점

③ **교통**: 9점 × 60% = 5.4점   ④ **환경**: 12점 × 10% = 1.2점

가중치 환산 점수   **10.35점**

위치가치 점검 리스트

*우수 3점 | 보통 2점 | 부족 1점 (상대 평가)

치안   점수

1. 주택을 중심으로 반경 0.5km(도보 10분) 이내에 유해 환경과 유해 시설이 있는가?
2. 주택에서 대중교통 이용 지점까지 도보 이동경로의 치안은 어떠한가?
3. 주택을 중심으로 반경 0.2km(도보 3분) 이내에 외지인의 출입이나 접근이 있는가?
4. 주택의 주차 시설과 공간은 야간에도 사용이 용이하고 안정성을 갖췄는가?
5. 주택이 자연재해(산사태, 지진, 해일, 홍수 등)로부터 안정성을 갖추고 있는가?

교육   점수

1. 학생들의 거주지는 동일한 수준의 주택으로 단일화된 편인가?
2. 주택 거주자들의 전반적인 소득 수준과 교육열은 높은 편인가?
3. 초등학교는 접근이 용이하고 도보로 안전하게 등하교할 수 있는가?
4. 중·고등학교는 접근이 용이하고 좋은 면학 분위기가 형성되어 있는 편인가?
5. 사교육시설(학원) 접근이 용이하고 다양한 선택이 가능한 편인가?

교통 및 도심접근성   점수

1. 대중교통을 통해 중심업무지구로 편리하게 접근할 수 있는가?
2. 주택에서 고속도로의 접근이 용이한가?
3. 주택에서 도시고속화도로의 접근이 용이한가?
4. 주택과 대중교통망의 연계가 우수한가?
5. 주택에서 지하철역까지 접근이 용이한가?

	자연 환경 인접/조망권	점수
1	집 안에서 강, 호수, 천이 보이는가?	
2	주택 주변에 강, 호수, 천이 있는가?	
3	집 안에서 자연의 녹지가 보이는가? 인공장애물은 없는가?	
4	주택 주변에 자연적인 녹지나 인공적으로 조성한 공원이 있는가?	
5	집 밖으로 조망권이 확보되는가?	

MEMO

PART 2

실전 가계부 쓰기

2026 연간 달력

	1월	2월	3월	4월	5월	6월
1	신정	S	삼일절			
2			대체공휴일			
3					S	지방선거
4	S					
5				S	어린이날	
6						현충일
7						S
8		S	S			
9						
10					S	
11	S					
12				S		
13						
14						S
15		S	S			
16						
17			설날		S	
18	S					
19				S		
20						
21						S
22		S	S			
23						
24					S 부처님 오신 날	
25	S				대체공휴일	
26				S		
27						
28						S
29			S			
30						
31					S	

	7월	8월	9월	10월	11월	12월	
					S		1
		S					2
				개천절			3
				S			4
	S			대체공휴일			5
			S			S	6
							7
					S		8
		S		한글날			9
							10
				S			11
	S						12
			S			S	13
							14
			광복절		S		15
		S					16
			대체공휴일				17
				S			18
	S						19
			S			S	20
							21
					S		22
		S					23
							24
			추석	S		성탄절	25
	S						26
			S			S	27
							28
					S		29
		S					30
							31

경조사 리스트

> 작년 경조사비를 참고해 예산을 짜고, '방어형'과 '어필형' 경조사비 기준을 정한다.

	날짜	목적	이름	내역	결제 수단	금액
1						
2						
3						
4						
5						
6						
7						
8						
9						
10						
11						
12						
13						
14						
15						
16						
17						
18						
19						
20						
21						
22						
23						
24						
25						
26						
27						

차계부

차는 없는 게 제일! 어쩔 수 없이 탄다면 두 배로 꼼꼼하게 관리하자.

	날짜	주행 거리	주유량	금액	리터당 단가	경비 사항	기타
1							
2							
3							
4							
5							
6							
7							
8							
9							
10							
11							
12							
13							
14							
15							
16							
17							
18							
19							
20							
21							
22							
23							
24							
25							
26							
27							

12월

DECEMBER

저축은 수입의 60%로 시작하라

목돈을 모으려면 공격적으로 모아야 한다. ① 미혼 ② 자본 1억 원 이하 ③ 월급 250만 원 이상이라면 반드시 월급의 60%는 저축해야 한다. 이렇게 저축하면 처음에는 가파른 산을 등산하는 것처럼 무척 힘들다. 그렇지만 등산을 하면서 숨이 턱 끝까지 차오르는 고통을 느껴본 적이 있다면 정상에서 느끼는 성취감 또한 잘 알 것이다. 지금 편안하다면 등산이 아니라 산책을 하는 것이다.

한편, 돈을 모을 때는 저축과 소비로 그 목적을 구분해야 한다. 저축은 미래 자산을 위한 것이고, 소비는 미래 소비를 위한 것이다. 저축 납입액을 단박에 끌어올리되, 미래에 결혼·전세·주택 자금을 만드는 자산이 될 수 있도록 해야 한다.

이달의 챌린지
경제지표 기록하기

뉴스에서 이 지표들에 대해 항상 언급하지만, 직접 확인하고 좀 더 자세히 보는 습관을 들이면 도움이 된다.

● 월간 계획

이달의 목표	
지출 목표 　　　　　　　원 이내	저축 목표 　　　　　　　원

이달의 고정 지출

　　　　　　　　　　　　　　　　　　　총액

이달의 변동 지출

외식·배달	
쇼핑·유흥	
문화생활	
기타	총액

이달의 수입

　　　　　　　　　　　　　　　　　　　총액

월	화	수	목	금	토	일
1	2	3	4	5	6	7
8	9	10	11	12	13	14
15	16	17	18	19	20	21
22	23	24	25 성탄절	26	27	28
29	30	31	1	2	3	4

12월

12월

		1 (월)		2 (화)	3 (수)	4 (목)
고정 지출	이자	전세대출 350,000	현금 (이체)			
변동 지출	식비	대파 3,000	현금			
돌발 지출						
기타	수입	월급	3,500,000			
	저축	적금	1,160,000			

신용				
체크				
현금				
지출 합계				

이주의 한마디 저축만큼은 무리해서 탈 날 일이 절대로 없다.

5 (금)	6 (토)	7 (일)

주간 결산	
고정 지출	
변동 지출	
돌발 지출	
기타	
신용	
체크	
현금	
지출 합계	

12월

12월

	8 (월)	9 (화)	10 (수)	11 (목)
고정 지출				
변동 지출				
돌발 지출				
기타				
신용				
체크				
현금				
지출 합계				

이주의 한마디 월급은 미래의 내가 지금의 나에게 맡긴 공금이다.

12 (금)	13 (토)	14 (일)

주간 결산	
고정 지출	
변동 지출	
돌발 지출	
기타	
신용	
체크	
현금	
지출 합계	

12월

12월

	15 (월)	16 (화)	17 (수)	18 (목)
고정 지출				
변동 지출				
돌발 지출				
기타				

신용				
체크				
현금				
지출 합계				

이주의 한마디 비상하려면 최소한의 자본을 만들어야 한다.

19 (금)	20 (토)	21 (일)	주간 결산	
			고정 지출	
			변동 지출	
			돌발 지출	
			기타	
			신용	
			체크	
			현금	
			지출 합계	

12월

12월

	22 (월)	23 (화)	24 (수)	25 (목)
고정 지출				
변동 지출				
돌발 지출				
기타				
신용				
체크				
현금				
지출 합계				

이주의 한마디 자본소득을 위한 첫 번째 허들은 1억 원이다.

26 (금)	27 (토)	28 (일)

주간 결산

고정 지출	
변동 지출	
돌발 지출	
기타	
신용	
체크	
현금	
지출 합계	

	29 (월)	30 (화)	31 (수)	1/ 1 (목)
고정 지출				
변동 지출				
돌발 지출				
기타				
신용				
체크				
현금				
지출 합계				

이주의 한마디 나의 돈 모으기를 방해하는 유일한 사람은 나 자신이다.

2 (금)	3 (토)	4 (일)

주간 결산

고정 지출

변동 지출

돌발 지출

기타

신용	
체크	
현금	
지출 합계	

12월

● 월말 결산

지출		
변동 지출	고정 지출	돌발 지출
합계	합계	합계

저축	수입	유형별 지출
예금	근로/사업소득	신용
적금	상여	체크
펀드	기타	현금
기타		
합계	합계	합계

	외식	쇼핑	문화	기타	총소득	
월 예산					총지출	
잔액					총잔액	

목표 달성	
챌린지	
지출	
저축	
수입	

잘한 점	반성할 점

MEMO

12월

1월

JANUARY

적금, 내는 돈보다 타는 돈을 보라

사람들이 흔히 가입하는 정기적금을 보면 10만 원, 20만 원 혹은 30만 원, 50만 원 등 10만 원 단위로 딱 떨어지는 소액 적금이 대부분이다. 금액을 맞추는 이유는 그래야 내는 금액을 잘 기억할 수 있기 때문이다. 또 적금을 여러 곳에 나눠 가입하다 보니 소액 적금이 여럿 생긴 것이다. 이렇게 저축하다 보면 돈이 흩어질 수밖에 없다.

만일 3년 후 결혼자금을 모은다면 3년 만기 정기적금(연 1.8% 이자율)으로 5,000만 원을 타는 월 135만 원 적금에 가입해보자. 또 1년짜리 적금을 가입한다면 월 42만 원, 83만 원 또는 124만 원, 165만 원을 납입하는 적금을 가입해보자. 그러면 각각 500만 원, 1,000만 원, 1,500만 원 그리고 2,000만 원을 손에 쥘 수 있다.

이달의 챌린지
나의 최대 저축액 알아보기

지금의 저축이 나의 최선인가? 어디서 어떻게 줄여서 더 모을 수 있을까?

● 월간 계획

이달의 목표			
지출 목표	원 이내	저축 목표	원

이달의 고정 지출

총액

이달의 변동 지출

외식·배달	
쇼핑·유흥	
문화생활	
기타	총액

이달의 수입

총액

월	화	수	목	금	토	일
29	30	31	1 신정	2	3	4
5	6	7	8	9	10	11
12	13	14	15	16	17	18
19	20	21	22	23	24	25
26	27	28	29	30	31	1

1월

1월

	29 (월)	30 (화)	31 (수)	1/1 (목)
고정 지출				
변동 지출				
돌발 지출				
기타				
신용				
체크				
현금				
지출 합계				

이주의 한마디 월급만 모아서는 부자가 될 수 없지만, 시작은 역시 모으기부터다.

2 (금)	3 (토)	4 (일)

주간 결산	
고정 지출	
변동 지출	
돌발 지출	
기타	
신용	
체크	
현금	
지출 합계	

1월

	5 (월)	6 (화)	7 (수)	8 (목)
고정 지출				
변동 지출				
돌발 지출				
기타				
신용				
체크				
현금				
지출 합계				

이주의 한마디 저축에서는 처음부터 전력 질주해보는 것이 좋다.

9 (금)	10 (토)	11 (일)

주간 결산

고정 지출	
변동 지출	
돌발 지출	
기타	
신용	
체크	
현금	
지출 합계	

1월

1월

	12 (월)	13 (화)	14 (수)	15 (목)
고정 지출				
변동 지출				
돌발 지출				
기타				
신용				
체크				
현금				
지출 합계				

이주의 한마디 중고 거래도 중독된다.

16 (금)	17 (토)	18 (일)

주간 결산

고정 지출

변동 지출

돌발 지출

기타

신용	
체크	
현금	
지출 합계	

1월

1월

	19 (월)	20 (화)	21 (수)	22 (목)
고정 지출				
변동 지출				
돌발 지출				
기타				
신용				
체크				
현금				
지출 합계				

이주의 한마디 3개월 치 월급보다 많은 금액이라야 목돈이라 할 수 있다.

23 (금)	24 (토)	25 (일)

주간 결산

고정 지출	
변동 지출	
돌발 지출	
기타	
신용	
체크	
현금	
지출 합계	

1월

1월

	26 (월)	27 (화)	28 (수)	29 (목)
고정 지출				
변동 지출				
돌발 지출				
기타				
신용				
체크				
현금				
지출 합계				

이주의 한마디 미래에 행복해지고자 하는 사람이 재테크를 한다.

30 (금)	31 (토)	2/1 (일)	주간 결산	
			고정 지출	
			변동 지출	
			돌발 지출	
			기타	
			신용	
			체크	
			현금	
			지출 합계	

● 월말 결산

지출		
변동 지출	고정 지출	돌발 지출
합계	합계	합계

저축	수입	유형별 지출
예금	근로/사업소득	신용
적금	상여	체크
펀드	기타	현금
기타		
합계	합계	합계

	외식	쇼핑	문화	기타	총소득	
월 예산					총지출	
잔액					총잔액	

목표 달성	챌린지	
	지출	
	저축	
	수입	

잘한 점	반성할 점

MEMO

FEBRUARY

소비하기 전 물어야 할 3가지

우리나라에는 3심제도란 것이 있다. 더 공정한 재판을 위해 3회에 걸쳐 심사하는 것이다. 결제를 하기 전에도 이처럼 3번 정도 생각해보면 어떨까?

1심: 필요한 것인가?

'있으면 좋은 것'이 아니라 '없으면 안 되는 것'이 바로 필요한 것이다.

2심: 예산은 충분한가?

외식, 쇼핑, 오락 등 해당 예산에 여유가 없다면 결제해서는 안 된다.

3심: 대체재는 없는가?

1심과 2심을 모두 통과했더라도 인터넷 쇼핑의 경우 최소한 반나절 정도는 사려는 것을 장바구니에 두고 대체재가 없는지 생각해보라.

이달의 챌린지
장바구니 비우기

갖고 싶은 것 중에는 의외로 이미 가지고 있는 게 많다. 결제하기 전에 조금만 더 고민해보자.

● 월간 계획

이달의 목표			
지출 목표	원 이내	저축 목표	원

이달의 고정 지출

총액

이달의 변동 지출

외식 · 배달	
쇼핑 · 유흥	
문화생활	
기타	총액

이달의 수입

총액

월	화	수	목	금	토	일
26	27	28	29	30	31	1
2	3	4	5	6	7	8
9	10	11	12	13	14	15
16	17 설날	18	19	20	21	22
23	24	25	26	27	28	1

2월

2월

	26(월)	27(화)	28(수)	29(목)
고정 지출				
변동 지출				
돌발 지출				
기타				
신용				
체크				
현금				
지출 합계				

이주의 한마디 수익률 1%를 신경 쓰는가? 허투루 쓰지 않으면 수익률 100%다.

30 (금)	31 (토)	2/1 (일)

주간 결산

고정 지출	
변동 지출	
돌발 지출	
기타	
신용	
체크	
현금	
지출 합계	

2월

2월

	2 (월)	3 (화)	4 (수)	5 (목)
고정 지출				
변동 지출				
돌발 지출				
기타				
신용				
체크				
현금				
지출 합계				

이주의 한마디 과소비를 '소확행'으로 포장해 면죄부를 주지 말라.

6 (금)	7 (토)	8 (일)	주간 결산	
			고정 지출	
			변동 지출	
			돌발 지출	
			기타	
			신용	
			체크	
			현금	
			지출 합계	

2월

2월

	9 (월)	10 (화)	11 (수)	12 (목)
고정 지출				
변동 지출				
돌발 지출				
기타				
신용				
체크				
현금				
지출 합계				

이주의 한마디 내일의 플렉스를 위해 오늘의 플렉스를 잠시 내려놓자.

13 (금)	14 (토)	15 (일)

주간 결산

고정 지출	
변동 지출	
돌발 지출	
기타	
신용	
체크	
현금	
지출 합계	

2월

2월

	16 (월)	17 (화)	18 (수)	19 (목)
고정 지출				
변동 지출				
돌발 지출				
기타				
신용				
체크				
현금				
지출 합계				

이주의 한마디 소비 문제 중 대부분은 필요 없는 물건을 사는 데서 발생한다.

20 (금)	21 (토)	22 (일)	주간 결산	
			고정 지출	
			변동 지출	
			돌발 지출	
			기타	
			신용	
			체크	
			현금	
			지출 합계	

2월

2월

	23 (월)	24 (화)	25 (수)	26 (목)
고정 지출				
변동 지출				
돌발 지출				
기타				
신용				
체크				
현금				
지출 합계				

이주의 한마디 우리나라의 해외여행 지출은 너무 과하다.

27 (금)	28 (토)	3/1 (일)

주간 결산	
고정 지출	
변동 지출	
돌발 지출	
기타	
신용	
체크	
현금	
지출 합계	

● 월말 결산

지출		
변동 지출	고정 지출	돌발 지출
합계	합계	합계

저축	수입	유형별 지출
예금	근로/사업소득	신용
적금	상여	체크
펀드	기타	현금
기타		
합계	합계	합계

	외식	쇼핑	문화	기타	총소득	
월 예산					총지출	
잔액					총잔액	

목표 달성	챌린지	
	지출	
	저축	
	수입	

잘한 점	반성할 점

MEMO

3월

MARCH

우리 집 최적의 식비 찾기

외식·배달로 급격히 늘어난 엥겔지수(생계비에서 식비가 차지하는 비율)로 인해 주머니 사정은 물론 건강에도 빨간불이 들어온 사람들이 많다.

적정 엥겔지수는 소득이 높을수록 낮아진다. 하지만 1인 가구의 경우, 소득이 아무리 낮더라도 월 50만 원 미만으로 식비를 사용하기가 쉽지 않다. 상황을 감안해 소득에 따라 적절한 엥겔지수를 넘기지 않도록 노력해야 한다.

월 소득 \ 가구 형태	1인 가구	2인 가구	3인 가구
350만 원 미만	20%	25%	30%
350만~700만 원	15%	20%	25%
700만 원 이상	10%	15%	20%

이달의 챌린지
(사 먹는) 커피 없는 하루 보내기

커피는 월 소득 3% 이내, 테이크아웃은 월 5잔 이내가 적절하다.

● 월간 계획

이달의 목표	
지출 목표　　　　　　　　원 이내	저축 목표　　　　　　　　원

이달의 고정 지출

총액

이달의 변동 지출

외식 · 배달

쇼핑 · 유흥

문화생활

기타　　　　　　　　　　　　　　　　총액

이달의 수입

총액

월	화	수	목	금	토	일
23	24	25	26	27	28	1 삼일절
2 대체공휴일	3	4	5	6	7	8
9	10	11	12	13	14	15
16	17	18	19	20	21	22
23/30	24/31	25	26	27	28	29

3월

3월

	23 (월)	24 (화)	25 (수)	26 (목)
고정 지출				
변동 지출				
돌발 지출				
기타				
신용				
체크				
현금				
지출 합계				

이주의 한마디 자산이 되지 않는 모든 돈은 그냥 소비다.

27 (금)	28 (토)	3/1 (일)

주간 결산	
고정 지출	
변동 지출	
돌발 지출	
기타	
신용	
체크	
현금	
지출 합계	

3월

	2(월)	3(화)	4(수)	5(목)
고정 지출				
변동 지출				
돌발 지출				
기타				
신용				
체크				
현금				
지출 합계				

이주의 한마디 결혼이나 내 집 마련을 위한 저축액은 최소한 월소득의 45%는 돼야 한다.

6 (금)	7 (토)	8 (일)

주간 결산

고정 지출

변동 지출

돌발 지출

기타

신용	
체크	
현금	
지출 합계	

3월

	9 (월)	10 (화)	11 (수)	12 (목)
고정 지출				
변동 지출				
돌발 지출				
기타				
신용				
체크				
현금				
지출 합계				

이주의 한마디 미래에도 안정적인 현금 흐름을 만들어내는 것이 재테크다.

13 (금)	14 (토)	15 (일)	주간 결산	
			고정 지출	
			변동 지출	
			돌발 지출	
			기타	
			신용	
			체크	
			현금	
			지출 합계	

3월

3월

	16 (월)	17 (화)	18 (수)	19 (목)
고정 지출				
변동 지출				
돌발 지출				
기타				
신용				
체크				
현금				
지출 합계				

이주의 한마디 모든 소비에는 소득에 걸맞은 기준이 필요하다.

20 (금)	21 (토)	22 (일)	주간 결산	
			고정 지출	
			변동 지출	
			돌발 지출	
			기타	
			신용	
			체크	
			현금	
			지출 합계	

3월

3월

	23 (월)	24 (화)	25 (수)	26 (목)
고정 지출				
변동 지출				
돌발 지출				
기타				
신용				
체크				
현금				
지출 합계				

이주의 한마디 안전자산은 비싸더라도 맛이 보장되는 맛집과 같다.

27 (금)	28 (토)	29 (일)	주간 결산	
			고정 지출	
			변동 지출	
			돌발 지출	
			기타	
			신용	
			체크	
			현금	
			지출 합계	

3월

	30 (월)	31 (화)	4/1 (수)	2 (목)
고정 지출				
변동 지출				
돌발 지출				
기타				
신용				
체크				
현금				
지출 합계				

이주의 한마디 뉴스의 경제 전망에만 의지해 투자를 결정하지 말라.

3 (금)	4 (토)	5 (일)	주간 결산	
			고정 지출	
			변동 지출	
			돌발 지출	
			기타	
			신용	
			체크	
			현금	
			지출 합계	

3월

● 월말 결산

지출		
변동 지출	고정 지출	돌발 지출
합계	합계	합계

저축	수입	유형별 지출
예금	근로/사업소득	신용
적금	상여	체크
펀드	기타	현금
기타		
합계	합계	합계

	외식	쇼핑	문화	기타	총소득	
월 예산					총지출	
잔액					총잔액	

목표 달성	
챌린지	
지출	
저축	
수입	

잘한 점	반성할 점

MEMO

3월

4월

APRIL

결혼 후 15년, 내 집 마련의 골든타임

내 집 마련이라는 숙제는 언제까지 끝내야 하는 것일까?

먼저 주택자금에서 대출이 20% 이하여야 진정한 내 집을 마련했다고 할 수 있다. 기혼이라면 결혼 후 15년, 미혼이라면 50세(정년 15년 전)까지가 내 집 마련의 골든타임이다.

소득이 높고 낮음을 떠나 결혼 후 15년이 지나면 저축을 하기 힘들다. 소득이 느는 만큼 소비도 크게 늘고, 특히 교육 관련 비용이 갑자기 증가하기 때문이다.

싱글은 불리한 점이 더 많다. 소득이 상대적으로 낮고, 혼자라도 결국은 60~70m^2 크기의 아파트를 사야 한다. 취미나 레저에 쓰는 비용도 상대적으로 더 크다. 이 점을 고려해 내 집 마련은 경제활동이 중단될 수도 있는 사회적 정년 15년 전까지는 끝내야 한다.

이달의 챌린지
무지출의 날 정하기

며칠 절약하다 갑자기 돈을 펑펑 쓰는 일이 없도록 주의하면서 소비 없는 날을 보내보자.

● 월간 계획

이달의 목표	
지출 목표 원 이내	저축 목표 원

이달의 고정 지출

총액

이달의 변동 지출

외식·배달	
쇼핑·유흥	
문화생활	
기타	총액

이달의 수입

총액

월	화	수	목	금	토	일
30	31	1	2	3	4	5
6	7	8	9	10	11	12
13	14	15	16	17	18	19
20	21	22	23	24	25	26
27	28	29	30	1	2	3

4월

	30(월)	31(화)	4/1(수)	2(목)
고정 지출				
변동 지출				
돌발 지출				
기타				
신용				
체크				
현금				
지출 합계				

이주의 한마디 내 집 마련은 절대로 포기하면 안 되는 최우선 목표다.

3 (금)	4 (토)	5 (일)

주간 결산	
고정 지출	
변동 지출	
돌발 지출	
기타	
신용	
체크	
현금	
지출 합계	

4월

	6 (월)	7 (화)	8 (수)	9 (목)
고정 지출				
변동 지출				
돌발 지출				
기타				
신용				
체크				
현금				
지출 합계				

이주의 한마디 주식은 1가구 1주택의 수익률을 절대 이길 수 없다.

10 (금)	11 (토)	12 (일)	주간 결산	
			고정 지출	
			변동 지출	
			돌발 지출	
			기타	
			신용	
			체크	
			현금	
			지출 합계	

4월

	13 (월)	14 (화)	15 (수)	16 (목)
고정 지출				
변동 지출				
돌발 지출				
기타				
신용				
체크				
현금				
지출 합계				

이주의 한마디 모든 재테크의 실패 원인 첫 번째는 목표가 없다는 것이다.

17 (금)	18 (토)	19 (일)	주간 결산	
			고정 지출	
			변동 지출	
			돌발 지출	
			기타	
			신용	
			체크	
			현금	
			지출 합계	

4월

	20 (월)	21 (화)	22 (수)	23 (목)
고정 지출				
변동 지출				
돌발 지출				
기타				
신용				
체크				
현금				
지출 합계				

이주의 한마디 월급은 딱 300번 받으면 끝난다.

24 (금)	25 (토)	26 (일)	주간 결산

고정 지출

변동 지출

돌발 지출

기타

신용
체크
현금
지출 합계

	27 (월)	28 (화)	29 (수)	30 (목)
고정 지출				
변동 지출				
돌발 지출				
기타				
신용				
체크				
현금				
지출 합계				

이주의 한마디 똑똑한 한 채 마련은 시간과의 싸움이다.

5/1 (금)	2 (토)	3 (일)	주간 결산	
			고정 지출	
			변동 지출	
			돌발 지출	
			기타	
			신용	
			체크	
			현금	
			지출 합계	

● 월말 결산

지출		
변동 지출	고정 지출	돌발 지출
합계	합계	합계

저축	수입	유형별 지출
예금	근로/사업소득	신용
적금	상여	체크
펀드	기타	현금
기타		
합계	합계	합계

	외식	쇼핑	문화	기타	총소득	
월 예산					총지출	
잔액					총잔액	

목표 달성	챌린지	
	지출	
	저축	
	수입	

잘한 점	반성할 점

MEMO

소득 대비 적절한 전세자금은 얼마일까?

똑똑한 한 채 마련은 시간과의 싸움이다. 소득과 집값, 생활비 모두 빠르게 상승하는 데다 그중에서도 집값과 생활비가 특히 빠르게 상승하기 때문이다. 따라서 무주택자의 경우 결혼 초기, 특히 자녀가 취학하기 전 주택에 얼마나 적은 돈을 투여하느냐가 내 집 마련을 앞당기는 열쇠가 된다. 소득 대비 너무 높은 전세금이나 전세자금대출은 그만큼 똑똑한 한 채 마련을 방해하는 걸림돌이 될 수 있음을 명심하자.

여러 가지 경제 상황을 보아야겠지만 일반적으로 신혼부부라면 서울에 거주할 경우 전세자금이 가구 연간소득의 3배, 서울 외 지역에 거주할 경우 2배를 넘지 않는 것이 좋다.

이달의 챌린지
신용 카드 하나 줄이기

혜택이 좋다고 신용 카드를 여러 장 만들면 결국 소비만 늘어난다.

● 월간 계획

이달의 목표	
지출 목표 원 이내	저축 목표 원

이달의 고정 지출

총액

이달의 변동 지출

외식·배달	
쇼핑·유흥	
문화생활	
기타	총액

이달의 수입

총액

월	화	수	목	금	토	일
27	28	29	30	1	2	3
4	5 어린이날	6	7	8	9	10
11	12	13	14	15	16	17
18	19	20	21	22	23	24 부처님 오신 날
25 대체공휴일	26	27	28	29	30	31

5월

5월

	27 (월)	28 (화)	29 (수)	30 (목)
고정 지출				
변동 지출				
돌발 지출				
기타				
신용				
체크				
현금				
지출 합계				

이주의 한마디 자수성가형 부자들은 똘똘한 한 채에 집중한다.

5/1 (금)	2 (토)	3 (일)

주간 결산	
고정 지출	
변동 지출	
돌발 지출	
기타	
신용	
체크	
현금	
지출 합계	

5월

5월

	4 (월)	5 (화)	6 (수)	7 (목)
고정 지출				
변동 지출				
돌발 지출				
기타				
신용				
체크				
현금				
지출 합계				

이주의 한마디 같은 가격의 주택이라면 위치가치가 높은 곳을 선택해야 한다.

8 (금)	9 (토)	10 (일)	주간 결산	
			고정 지출	
			변동 지출	
			돌발 지출	
			기타	
			신용	
			체크	
			현금	
			지출 합계	

5월

5월

	11 (월)	12 (화)	13 (수)	14 (목)
고정 지출				
변동 지출				
돌발 지출				
기타				
신용				
체크				
현금				
지출 합계				

이주의 한마디 부자의 겉모습보다 부자의 태도를 따라해보자.

15 (금)	16 (토)	17 (일)	주간 결산	
			고정 지출	
			변동 지출	
			돌발 지출	
			기타	
			신용	
			체크	
			현금	
			지출 합계	

5월

5월

	18 (월)	19 (화)	20 (수)	21 (목)
고정 지출				
변동 지출				
돌발 지출				
기타				
신용				
체크				
현금				
지출 합계				

이주의 한마디 결혼 초기, 자녀 취학 전 돈을 얼마나 모으느냐가 중요하다.

22 (금)	23 (토)	24 (일)

주간 결산

고정 지출

변동 지출

돌발 지출

기타

신용	
체크	
현금	
지출 합계	

5월

5월

	25 (월)	26 (화)	27 (수)	28 (목)
고정 지출				
변동 지출				
돌발 지출				
기타				
신용				
체크				
현금				
지출 합계				

이주의 한마디 진짜 중요한 것은 강력한 저축력이다.

29 (금)	30 (토)	31 (일)	주간 결산	
			고정 지출	
			변동 지출	
			돌발 지출	
			기타	
			신용	
			체크	
			현금	
			지출 합계	

5월

● 월말 결산

지출		
변동 지출	고정 지출	돌발 지출
합계	합계	합계

저축	수입	유형별 지출
예금	근로/사업소득	신용
적금	상여	체크
펀드	기타	현금
기타		
합계	합계	합계

	외식	쇼핑	문화	기타	총소득	
월 예산					총지출	
잔액					총잔액	

목표 달성	챌린지	
	지출	
	저축	
	수입	

잘한 점	반성할 점

MEMO

6월

JUNE

집값이 너무 올라서 집을 못 산다고?

집값은 단순히 절대가격으로 생각해서는 안 된다. 과거에는 집이 싸서 사람들이 집을 쉽게 살 수 있었을 것이라고들 말하지만 그때는 소득도 그만큼 낮았다.

지금 세대는 그전 세대에 비해 내 집 마련에 집중하지 못하고 있다. 높아진 소득을 집 대신 문화생활이나 레저, 여행 등에 투입하기 때문이다. 따라서 집값이 너무 올라 집을 못 산다는 표현보다는 "현재 누리고 있는 여가생활을 일체 포기할 수는 없어서 집을 못 산다"라고 하는 것이 더 맞는 표현이다.

사람마다 가치관이 다른 시대를 살고 있으니 무엇이 옳고 무엇이 그른지 판단하기는 어렵다. 하지만 자신의 소득에 걸맞은 내 집 마련에는 소홀하면서 과소비를 하는 것만큼은 경계해야 한다.

이달의 챌린지
부자의 습관을 다룬 책 찾아보기

상상 속 부자의 겉모습을 흉내 내려 하지 말고 그들의 생각, 그들의 작은 습관을 따라해 보자.

● 월간 계획

이달의 목표	
지출 목표 원 이내	저축 목표 원

이달의 고정 지출
총액

이달의 변동 지출	
외식 · 배달	
쇼핑 · 유흥	
문화생활	
기타	총액

이달의 수입
총액

월	화	수	목	금	토	일
1	2	3 지방선거	4	5	6 현충일	7
8	9	10	11	12	13	14
15	16	17	18	19	20	21
22	23	24	25	26	27	28
29	30	1	2	3	4	5

6월

	1 (월)	2 (화)	3 (수)	4 (목)
고정 지출				
변동 지출				
돌발 지출				
기타				
신용				
체크				
현금				
지출 합계				

이주의 한마디 조건이 좋지 않은 것이 아니라 열정이 없는 것이다.

5 (금)	6 (토)	7 (일)	주간 결산	
			고정 지출	
			변동 지출	
			돌발 지출	
			기타	
			신용	
			체크	
			현금	
			지출 합계	

6월

	8 (월)	9 (화)	10 (수)	11 (목)
고정 지출				
변동 지출				
돌발 지출				
기타				
신용				
체크				
현금				
지출 합계				

이주의 한마디 청약통장에 10만 원만 납입하면서 내 집 마련이 목표라고?

12 (금)	13 (토)	14 (일)

주간 결산

고정 지출

변동 지출

돌발 지출

기타

신용	
체크	
현금	
지출 합계	

6월

	15 (월)	16 (화)	17 (수)	18 (목)
고정 지출				
변동 지출				
돌발 지출				
기타				
신용				
체크				
현금				
지출 합계				

이주의 한마디 아무 데나 사도 다 오르는 시대는 지났다.

19 (금)	20 (토)	21 (일)	주간 결산	
			고정 지출	
			변동 지출	
			돌발 지출	
			기타	
			신용	
			체크	
			현금	
			지출 합계	

	22 (월)	23 (화)	24 (수)	25 (목)
고정 지출				
변동 지출				
돌발 지출				
기타				
신용				
체크				
현금				
지출 합계				

이주의 한마디 집을 잘 사는 것이 평생의 재테크에서 절반 이상을 차지한다.

26 (금)	27 (토)	28 (일)	주간 결산	
			고정 지출	
			변동 지출	
			돌발 지출	
			기타	
			신용	
			체크	
			현금	
			지출 합계	

6월

	29 (월)	30 (화)	7/1 (수)	2 (목)
고정 지출				
변동 지출				
돌발 지출				
기타				
신용				
체크				
현금				
지출 합계				

이주의 한마디 지난 20년간 집값만 올랐을까? 소득도 함께 올랐다.

3 (금)	4 (토)	5 (일)

주간 결산

고정 지출	
변동 지출	
돌발 지출	
기타	
신용	
체크	
현금	
지출 합계	

6월

● 월말 결산

지출		
변동 지출	고정 지출	돌발 지출
합계	합계	합계

저축		수입		유형별 지출	
예금		근로/사업소득		신용	
적금		상여		체크	
펀드		기타		현금	
기타					
합계		합계		합계	

	외식	쇼핑	문화	기타	총소득	
월 예산					총지출	
잔액					총잔액	

목표 달성	챌린지	
	지출	
	저축	
	수입	

잘한 점	반성할 점

MEMO

6월

인구 감소로 인한 폭락장은 오는가?

강연을 하다 보면 상당히 많은 사람이 이런 질문을 던진다.

"언제부터 집값이 떨어질까요?"

일단 다른 변수가 생기지 않는 한 20년 내에 상승세는 크게 달라지지 않을 것이라고 말하고 싶다. 주택 총수요에서 인구는 무시할 수 없는 요소인데, 인구는 줄어들더라도 가구 수는 폭발적으로 증가하고 있기 때문이다.

그리고 정 특정 시점을 꼽는다면 2044년에 변화가 생길 것이라 말하고 싶다. 우리나라의 인구는 1974년을 기점으로 인구 증가 세대와 인구 감소 세대로 나뉘어 있는데, 인구 증가 세대 전체가 모두 70세를 넘기는 시점이 바로 2044년이다. 물론 이들이 경제활동기가 지났다고 해서 무조건 집을 팔고 도시를 떠나지는 않을 것이다. 하지만 주택 총수요는 조금씩 감소할 가능성이 있다.

이달의 챌린지
청약 가점 요건과 특별 공급 알아보기

청약으로 신규 주택을 분양받게 되면 최종 목표인 '똘똘한 한 채'로 입성하는 디딤돌로 삼을 수 있다.

● 월간 계획

이달의 목표			
지출 목표	원 이내	저축 목표	원

이달의 고정 지출

총액

이달의 변동 지출

외식 · 배달

쇼핑 · 유흥

문화생활

기타   총액

이달의 수입

총액

월	화	수	목	금	토	일
29	30	1	2	3	4	5
6	7	8	9	10	11	12
13	14	15	16	17	18	19
20	21	22	23	24	25	26
27	28	29	30	31	1	2

7월

7월

	29 (월)	30 (화)	7/1 (수)	2 (목)
고정 지출				
변동 지출				
돌발 지출				
기타				
신용				
체크				
현금				
지출 합계				

이주의 한마디 집을 사는 시기가 따로 있는 것은 아니다.

3 (금)	4 (토)	5 (일)

주간 결산	
고정 지출	
변동 지출	
돌발 지출	
기타	
신용	
체크	
현금	
지출 합계	

7월

7월

	6 (월)	7 (화)	8 (수)	9 (목)
고정 지출				
변동 지출				
돌발 지출				
기타				
신용				
체크				
현금				
지출 합계				

이주의 한마디 아파트 가격은 언제나 상대적이다.

10 (금)	11 (토)	12 (일)

주간 결산	
고정 지출	
변동 지출	
돌발 지출	
기타	
신용	
체크	
현금	
지출 합계	

7월

7월

	13 (월)	14 (화)	15 (수)	16 (목)
고정 지출				
변동 지출				
돌발 지출				
기타				
신용				
체크				
현금				
지출 합계				

이주의 한마디 15년 안에 주택 총수요를 급격히 낮출 만한 인구 변화는 없다고 봐야 한다.

17 (금)	18 (토)	19 (일)	주간 결산	
			고정 지출	
			변동 지출	
			돌발 지출	
			기타	
			신용	
			체크	
			현금	
			지출 합계	

7월

7월

	20 (월)	21 (화)	22 (수)	23 (목)
고정 지출				
변동 지출				
돌발 지출				
기타				

신용			
체크			
현금			
지출 합계			

이주의 한마디 통찰력은 사람들 관심의 방향을 이해하는 능력에서 비롯된다.

24 (금)	25 (토)	26 (일)	주간 결산
			고정 지출
			변동 지출
			돌발 지출
			기타
			신용
			체크
			현금
			지출 합계

7월

7월

	27 (월)	28 (화)	29 (수)	30 (목)
고정 지출				
변동 지출				
돌발 지출				
기타				
신용				
체크				
현금				
지출 합계				

이주의 한마디 영혼까지 끌어모아 아무 집이나 사면 망한다.

31 (금)	8/1 (토)	2 (일)

주간 결산

고정 지출

변동 지출

돌발 지출

기타

신용	
체크	
현금	
지출 합계	

7월

● 월말 결산

지출		
변동 지출	**고정 지출**	**돌발 지출**
합계	합계	합계

저축		수입		유형별 지출	
예금		근로/사업소득		신용	
적금		상여		체크	
펀드		기타		현금	
기타					
합계		합계		합계	

	외식	쇼핑	문화	기타	총소득	
월 예산					총지출	
잔액					총잔액	

목표 달성	**챌린지**
	지출
	저축
	수입

잘한 점	반성할 점

MEMO

7월

주식보다 아파트가 좋은 이유

왜 주식보다 아파트일까? 대주주가 아니고서는 주식시장에 수십 년을 머문다는 것은 불가능에 가깝다. 우스갯소리로 주식에서 장기투자는 주식을 사고 교도소에 가거나, 기억상실증에 걸리는 경우를 제외하고는 불가능하다는 말이 있을 정도다.

반면 1주택자의 경우 아파트를 보유하는 동시에 그곳에 거주하기 때문에 생각보다 오래 아파트를 보유하는 사람이 많다. 게다가 아파트는 시장 변동성이 상대적으로 적다. 주식과 아파트 투자 원금의 차이도 무시할 수 없다. 마지막으로, 일단 아파트에 투자하면 강제 투자·저축 효과가 있다. 집을 안 샀다고 해서 20년간 수억 원에 달하는 금액을 다른 곳에 투자하거나 저축하는 일은 거의 없지 않을까?

이달의 챌린지
지역별 으뜸 거주지 찾아보기

지금 당장 내 집 마련을 목표로 하지 않더라도, 여러 지역을 살펴본다면 미래에 반드시 도움이 된다.

● 월간 계획

이달의 목표	
지출 목표 원 이내	저축 목표 원

이달의 고정 지출
총액

이달의 변동 지출	
외식 · 배달	
쇼핑 · 유흥	
문화생활	
기타	총액

이달의 수입
총액

월	화	수	목	금	토	일
27	28	29	30	31	1	2
3	4	5	6	7	8	9
10	11	12	13	14	15 광복절	16
17 대체공휴일	18	19	20	21	22	23
24/31	25	26	27	28	29	30

8월

8월

	27 (월)	28 (화)	29 (수)	30 (목)
고정 지출				
변동 지출				
돌발 지출				
기타				
신용				
체크				
현금				
지출 합계				

이주의 한마디 어떤 자산이 왜 그 가격인지 항상 생각해보는 습관을 가져라.

31 (금)	8/1 (토)	2 (일)	주간 결산	
			고정 지출	
			변동 지출	
			돌발 지출	
			기타	
			신용	
			체크	
			현금	
			지출 합계	

8월

	3 (월)	4 (화)	5 (수)	6 (목)
고정 지출				
변동 지출				
돌발 지출				
기타				
신용				
체크				
현금				
지출 합계				

이주의 한마디 주식시장에 오래 머물면 질 때가 훨씬 많다.

7 (금)	8 (토)	9 (일)

주간 결산	
고정 지출	
변동 지출	
돌발 지출	
기타	
신용	
체크	
현금	
지출 합계	

8월

	10 (월)	11 (화)	12 (수)	13 (목)
고정 지출				
변동 지출				
돌발 지출				
기타				
신용				
체크				
현금				
지출 합계				

이주의 한마디 투자 금액이 정기적금의 50%를 넘어선 안 된다.

14 (금)	15 (토)	16 (일)	주간 결산	
			고정 지출	
			변동 지출	
			돌발 지출	
			기타	
			신용	
			체크	
			현금	
			지출 합계	

8월

8월

	17 (월)	18 (화)	19 (수)	20 (목)
고정 지출				
변동 지출				
돌발 지출				
기타				
신용				
체크				
현금				
지출 합계				

이주의 한마디 집을 빌려서 살면 손해다.

21 (금)	22 (토)	23 (일)

주간 결산

고정 지출	
변동 지출	
돌발 지출	
기타	
신용	
체크	
현금	
지출 합계	

8월

8월

	24 (월)	25 (화)	26 (수)	27 (목)
고정 지출				
변동 지출				
돌발 지출				
기타				
신용				
체크				
현금				
지출 합계				

이주의 한마디 부자란 근로소득보다 자본소득을 거두는 사람을 말한다.

28 (금)	29 (토)	30 (일)	주간 결산	
			고정 지출	
			변동 지출	
			돌발 지출	
			기타	
			신용	
			체크	
			현금	
			지출 합계	

8월

	31 (월)	9/1 (화)	2 (수)	3 (목)
고정 지출				
변동 지출				
돌발 지출				
기타				

신용				
체크				
현금				
지출 합계				

이주의 한마디 내 집 마련은 평생 힘들게 번 돈을 가장 안전하게 지키는 일이다.

4 (금)	5 (토)	6 (일)	주간 결산	
			고정 지출	
			변동 지출	
			돌발 지출	
			기타	
			신용	
			체크	
			현금	
			지출 합계	

● 월말 결산

지출		
변동 지출	고정 지출	돌발 지출
합계	합계	합계

저축		수입		유형별 지출	
예금		근로/사업소득		신용	
적금		상여		체크	
펀드		기타		현금	
기타					
합계		합계		합계	

	외식	쇼핑	문화	기타	총소득	
월 예산					총지출	
잔액					총잔액	

목표 달성	챌린지	
	지출	
	저축	
	수입	

잘한 점	반성할 점

MEMO

주택 가격은 무엇으로 구성돼 있을까?

주택 가격은 총 4가지의 가치로 구성된다. 하지만 대부분 주택은 오직 사용가치로만 가격이 결정된다고 봐도 무방하다. '얼죽신(얼어 죽어도 신축)'이라는 신조어가 쓰일 만큼 신축 아파트의 인기가 높다고는 하지만 장기적으로 보면 위치가치를 더 우선시해서 집을 골라야 한다.

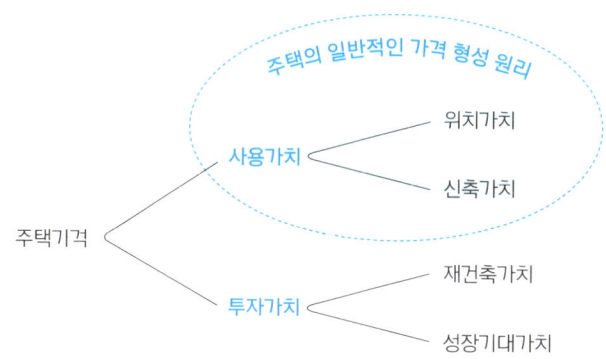

주택의 일반적인 가격 형성 원리

이달의 챌린지
위치가치 점검 리스트 작성하기

본인이 5년 이내에 도전하고자 하는 지역의 아파트를 대상으로 위치가치를 비교하는 '임장 연습'을 해보자.

● 월간 계획

이달의 목표	
지출 목표 원 이내	저축 목표 원

이달의 고정 지출

총액

이달의 변동 지출

외식 · 배달

쇼핑 · 유흥

문화생활

기타   총액

이달의 수입

총액

월	화	수	목	금	토	일
31	1	2	3	4	5	6
7	8	9	10	11	12	13
14	15	16	17	18	19	20
21	22	23	24	25 추석	26	27
28	29	30	1	2	3	4

9월

9월

	31 (월)	9/1 (화)	2 (수)	3 (목)
고정 지출				
변동 지출				
돌발 지출				
기타				
신용				
체크				
현금				
지출 합계				

이주의 한마디 지금은 미들 리스크-미들 리턴이 완전히 사라지는 시대다.

4 (금)	5 (토)	6 (일)

주간 결산	
고정 지출	
변동 지출	
돌발 지출	
기타	
신용	
체크	
현금	
지출 합계	

9월

	7 (월)	8 (화)	9 (수)	10 (목)
고정 지출				
변동 지출				
돌발 지출				
기타				
신용				
체크				
현금				
지출 합계				

이주의 한마디 돈을 지켜내려면 이자율에 신경 쓰지 말자.

11 (금)	12 (토)	13 (일)

주간 결산

고정 지출

변동 지출

돌발 지출

기타

신용	
체크	
현금	
지출 합계	

	14 (월)	15 (화)	16 (수)	17 (목)
고정 지출				
변동 지출				
돌발 지출				
기타				
신용				
체크				
현금				
지출 합계				

이주의 한마디 아파트는 대한민국의 대표적인 안전 자산이다.

18 (금)	19 (토)	20 (일)	주간 결산	
			고정 지출	
			변동 지출	
			돌발 지출	
			기타	
			신용	
			체크	
			현금	
			지출 합계	

9월

9월

	21 (월)	22 (화)	23 (수)	24 (목)
고정 지출				
변동 지출				
돌발 지출				
기타				
신용				
체크				
현금				
지출 합계				

이주의 한마디 이 세상에 눈먼 돈은 없다.

25 (금)	26 (토)	27 (일)

주간 결산

고정 지출	
변동 지출	
돌발 지출	
기타	
신용	
체크	
현금	
지출 합계	

9월

9월

	28 (월)	29 (화)	30 (수)	10/1 (목)
고정 지출				
변동 지출				
돌발 지출				
기타				
신용				
체크				
현금				
지출 합계				

이주의 한마디 대출은 그 성질에 따라 좋은 대출이 될 수도 있고 나쁜 빚이 될 수도 있다.

2 (금)	3 (토)	4 (일)	주간 결산	
			고정 지출	
			변동 지출	
			돌발 지출	
			기타	
			신용	
			체크	
			현금	
			지출 합계	

● 월말 결산

지출		
변동 지출	고정 지출	돌발 지출
합계	합계	합계

저축		수입		유형별 지출	
예금		근로/사업소득		신용	
적금		상여		체크	
펀드		기타		현금	
기타					
합계		합계		합계	

	외식	쇼핑	문화	기타	총소득	
월 예산					총지출	
잔액					총잔액	

목표 달성		
	챌린지	
	지출	
	저축	
	수입	

잘한 점	반성할 점

MEMO

9월

OCTOBER

지역별 '강남'의 4가지 조건

지역별 '강남', 즉 똘똘한 아파트가 위치한 으뜸 거주지가 되기 위한 조건은 크게 4가지로 요약할 수 있다.

① **거주민의 경제 수준이 비슷하다:** 대규모 아파트 단지가 위치해 거주 형태가 유사하며, 이 동질성을 바탕으로 배타적인 커뮤니티가 형성된다.

② **교육 환경이 좋다:** 부모의 관심과 교육열이 높아 학업 몰입도가 상향 평준화된 지역이 많다.

③ **자연 친화적이다:** 예전에는 교통편의성이 중요했지만, 요즘은 '숲세권', '한강권'과 같이 자연과 가까운 지역이 특히 각광받는다.

④ **거주민의 소득 수준이 높다:** 높은 고소득자 비율로 '매도자 우위 시장'이 형성되어 집값이 잘 떨어지지 않는다.

이달의 챌린지
동네 부동산 구경해보기

거주 지역과 목표 지역이 다르더라도 동네의 중개업소 사장님과 자주 대화하라. 의외로 많은 정보를 얻을 수 있다.

● 월간 계획

이달의 목표	
지출 목표 원 이내	저축 목표 원

이달의 고정 지출

총액

이달의 변동 지출

외식 · 배달

쇼핑 · 유흥

문화생활

기타   총액

이달의 수입

총액

월	화	수	목	금	토	일
28	29	30	1	2	3 개천절	4
5 대체공휴일	6	7	8	9 한글날	10	11
12	13	14	15	16	17	18
19	20	21	22	23	24	25
26	27	28	29	30	31	1

10월

	28 (월)	29 (화)	30 (수)	10/1 (목)
고정 지출				
변동 지출				
돌발 지출				
기타				
신용				
체크				
현금				
지출 합계				

이주의 한마디 똘똘한 한 채란 말은 '똘똘한 아파트 한 채'라는 말이다.

2 (금)	3 (토)	4 (일)

주간 결산

고정 지출	
변동 지출	
돌발 지출	
기타	
신용	
체크	
현금	
지출 합계	

10월

	5 (월)	6 (화)	7 (수)	8 (목)
고정 지출				
변동 지출				
돌발 지출				
기타				
신용				
체크				
현금				
지출 합계				

이주의 한마디 집이 아니라면 이 많은 돈을 이렇게 오랫동안 넣어둘 수 있을까?

9 (금)	10 (토)	11 (일)

주간 결산	
고정 지출	
변동 지출	
돌발 지출	
기타	
신용	
체크	
현금	
지출 합계	

10월

10월

	12 (월)	13 (화)	14 (수)	15 (목)
고정 지출				
변동 지출				
돌발 지출				
기타				
신용				
체크				
현금				
지출 합계				

이주의 한마디 사용가치에 가장 큰 영향을 미치는 것은 거주자의 소득일 수 있다.

16 (금)	17 (토)	18 (일)	주간 결산	
			고정 지출	
			변동 지출	
			돌발 지출	
			기타	
			신용	
			체크	
			현금	
			지출 합계	

10월

	19 (월)	20 (화)	21 (수)	22 (목)
고정 지출				
변동 지출				
돌발 지출				
기타				
신용				
체크				
현금				
지출 합계				

이주의 한마디 으뜸 주거지의 기준에서 자연 환경이 더욱 중요해지고 있다.

23 (금)	24 (토)	25 (일)	주간 결산	
			고정 지출	
			변동 지출	
			돌발 지출	
			기타	
			신용	
			체크	
			현금	
			지출 합계	

10월

10월

	26 (월)	27 (화)	28 (수)	29 (목)
고정 지출				
변동 지출				
돌발 지출				
기타				
신용				
체크				
현금				
지출 합계				

이주의 한마디 고소득자가 많은 지역은 매도자 우위 시장이 형성된다.

30 (금)	31 (토)	11/1 (일)	주간 결산	
			고정 지출	
			변동 지출	
			돌발 지출	
			기타	
			신용	
			체크	
			현금	
			지출 합계	

10월

● 월말 결산

지출		
변동 지출	고정 지출	돌발 지출
합계	합계	합계

저축		수입		유형별 지출	
예금		근로/사업소득		신용	
적금		상여		체크	
펀드		기타		현금	
기타					
합계		합계		합계	

	외식	쇼핑	문화	기타	총소득
월 예산					총지출
잔액					총잔액

목표 달성	챌린지	
	지출	
	저축	
	수입	

잘한 점	반성할 점

MEMO

11월

NOVEMBER

통장에 돈을 남겨두지 말라

① 마이너스 통장과 월급 통장을 분리하라

누울 자리를 없애야 발을 뻗는 나쁜 버릇이 사라질 것이다. 당장 새로운 통장을 발급받아서 월급 통장으로 사용하고 마이너스 통장에는 손을 대지 말자.

② 상환 계획을 수립해 자동이체를 설정하라

지금 당장 마이너스 청산 계획을 수립하자. 만일 1,550만 원의 마이너스를 3년 안에 완전히 청산하고 싶다면 43만 원을 자동이체 금액으로 신청하라.

③ 월급날 월급 통장의 잔고를 0으로 만들라

월급이 들어오면 모을 돈(각종 저축)은 자동이체로 빠져나가게 하고 이번 달에 쓸 돈은 소비 통장에, 나중에 쓸 돈은 계절 지출 통장에 바로 송금한다.

이달의 챌린지
통장 잔고 '0'으로 만들기

나의 수입에 '모을 돈', '쓸 돈' 외에 이름 붙이기 애매한 돈이 한 푼도 있어선 안 된다.

● 월간 계획

이달의 목표	
지출 목표 원 이내	저축 목표 원

이달의 고정 지출

총액

이달의 변동 지출

외식 · 배달

쇼핑 · 유흥

문화생활

기타   총액

이달의 수입

총액

월	화	수	목	금	토	일
26	27	28	29	30	31	1
2	3	4	5	6	7	8
9	10	11	12	13	14	15
16	17	18	19	20	21	22
23/30	24	25	26	27	28	29

11월

	26 (월)	27 (화)	28 (수)	29 (목)
고정 지출				
변동 지출				
돌발 지출				
기타				
신용				
체크				
현금				
지출 합계				

이주의 한마디 쉽게 벌면 쉽게 쓰게 된다.

30 (금)	31 (토)	11/1 (일)

주간 결산	
고정 지출	
변동 지출	
돌발 지출	
기타	
신용	
체크	
현금	
지출 합계	

11월

	2 (월)	3 (화)	4 (수)	5 (목)
고정 지출				
변동 지출				
돌발 지출				
기타				
신용				
체크				
현금				
지출 합계				

이주의 한마디 돈 모으기의 시작은 언제나 정기적금이다.

6 (금)	7 (토)	8 (일)

주간 결산

고정 지출	
변동 지출	
돌발 지출	
기타	
신용	
체크	
현금	
지출 합계	

11월

	9 (월)	10 (화)	11 (수)	12 (목)
고정 지출				
변동 지출				
돌발 지출				
기타				
신용				
체크				
현금				
지출 합계				

이주의 한마디 목돈을 손에 쥐는 묵직한 저축을 해보자.

13 (금)	14 (토)	15 (일)	주간 결산	
			고정 지출	
			변동 지출	
			돌발 지출	
			기타	
			신용	
			체크	
			현금	
			지출 합계	

11월

	16 (월)	17 (화)	18 (수)	19 (목)
고정 지출				
변동 지출				
돌발 지출				
기타				
신용				
체크				
현금				
지출 합계				

이주의 한마디 갖고 싶은 것 중에는 의외로 이미 가지고 있는 게 많다.

20 (금)	21 (토)	22 (일)	주간 결산	
			고정 지출	
			변동 지출	
			돌발 지출	
			기타	
			신용	
			체크	
			현금	
			지출 합계	

	23 (월)	24 (화)	25 (수)	26 (목)
고정 지출				
변동 지출				
돌발 지출				
기타				

신용				
체크				
현금				
지출 합계				

이주의 한마디 목돈은 재투자할 수 있지만 푼돈은 소비의 제물일 뿐!

27 (금)	28 (토)	29 (일)	주간 결산	
			고정 지출	
			변동 지출	
			돌발 지출	
			기타	
			신용	
			체크	
			현금	
			지출 합계	

11월

11월

	30 (월)	12/1 (화)	2 (수)	3 (목)
고정 지출				
변동 지출				
돌발 지출				
기타				
신용				
체크				
현금				
지출 합계				

이주의 한마디 가진 돈의 크기가 클수록 더 많은 돈을 벌 기회가 생긴다.

4 (금)	5 (토)	6 (일)	주간 결산	
			고정 지출	
			변동 지출	
			돌발 지출	
			기타	
			신용	
			체크	
			현금	
			지출 합계	

11월

● 월말 결산

지출		
변동 지출	고정 지출	돌발 지출
합계	합계	합계

저축	수입	유형별 지출
예금	근로/사업소득	신용
적금	상여	체크
펀드	기타	현금
기타		
합계	합계	합계

	외식	쇼핑	문화	기타	총소득	
월 예산					총지출	
잔액					총잔액	

목표 달성	챌린지	
	지출	
	저축	
	수입	

잘한 점	반성할 점

MEMO

DECEMBER

자동차, 필수품일까, 허세일까?

우리나라 사람들은 보통 자기 소득 수준보다 3단계 높은 차를 탄다. 그런데 차를 사면 차량 가격을 지불한 것으로 소비가 끝나지도 않는다. '3료 6비 12금'이 남아 있다. 3료는 보험료·통행료·과태료, 6비는 주유비·주차비·수리비·세차비·대리비·발레파킹비, 12금은 취득세·등록세·부가가치세·개별소비세·주행세·지방교육세 등이다. 연쇄 소비가 끝도 없이 일어나는 것이다.

굳이 차를 사야 한다면? 내 집이 있는 사람은 월 소득 7개월 치, 내 집이 없는 사람은 월 소득 4개월 치 정도의 차를 구입해야 한다. 그래야 유지비가 월 소득의 5~7%로 유지된다. 명심할 점! 아직 월급이 300만 원 이하인 경우 꼭 B·M·W를 실천해야만 한다. Bus·Metro·Walk, 즉 버스와 지하철을 타거나 걸어 다녀야 한다는 뜻이다.

이달의 챌린지
차 대신 B·M·W

요즘은 차종으로 그 사람의 경제력을 알 수 없다. 그 사람의 허세 지수만 알게 될 뿐이다.

● 월간 계획

이달의 목표	
지출 목표 원 이내	저축 목표 원

이달의 고정 지출

총액

이달의 변동 지출

외식·배달

쇼핑·유흥

문화생활

기타   총액

이달의 수입

총액

월	화	수	목	금	토	일
30	1	2	3	4	5	6
7	8	9	10	11	12	13
14	15	16	17	18	19	20
21	22	23	24	25 성탄절	26	27
28	29	30	31	1	2	3

12월

12월

	30 (월)	12/1 (화)	2 (수)	3 (목)
고정 지출				
변동 지출				
돌발 지출				
기타				
신용				
체크				
현금				
지출 합계				

이주의 한마디 월급 300만 원 받으며 차를 사는 것은 망하는 지름길이다.

4 (금)	5 (토)	6 (일)	주간 결산	
			고정 지출	
			변동 지출	
			돌발 지출	
			기타	
			신용	
			체크	
			현금	
			지출 합계	

	7 (월)	8 (화)	9 (수)	10 (목)
고정 지출				
변동 지출				
돌발 지출				
기타				
신용				
체크				
현금				
지출 합계				

이주의 한마디 타는 차를 보면 그 사람의 허세 지수를 알 수 있을 뿐이다.

11 (금)	12 (토)	13 (일)

주간 결산	
고정 지출	
변동 지출	
돌발 지출	
기타	
신용	
체크	
현금	
지출 합계	

12월

	14 (월)	15 (화)	16 (수)	17 (목)
고정 지출				
변동 지출				
돌발 지출				
기타				
신용				
체크				
현금				
지출 합계				

이주의 한마디 교통편의성은 중요한 기준이지만 절대적인 기준은 아니다.

18 (금)	19 (토)	20 (일)

주간 결산

고정 지출	
변동 지출	
돌발 지출	
기타	
신용	
체크	
현금	
지출 합계	

12월

12월

	21 (월)	22 (화)	23 (수)	24 (목)
고정 지출				
변동 지출				
돌발 지출				
기타				
신용				
체크				
현금				
지출 합계				

이주의 한마디 장벽 너머에 무엇이 있는지 알면 그 장벽을 넘고 싶어질 것이다.

25 (금)	26 (토)	27 (일)	주간 결산
			고정 지출
			변동 지출
			돌발 지출
			기타
			신용
			체크
			현금
			지출 합계

12월

	28 (월)	29 (화)	30 (수)	31 (목)
고정 지출				
변동 지출				
돌발 지출				
기타				
신용				
체크				
현금				
지출 합계				

이주의 한마디 도전해야 얻으리라.

1/1 (금)	2 (토)	3 (일)

주간 결산

고정 지출

변동 지출

돌발 지출

기타

신용	
체크	
현금	
지출 합계	

12월

● 월말 결산

지출		
변동 지출	고정 지출	돌발 지출
합계	합계	합계

저축	수입	유형별 지출
예금	근로/사업소득	신용
적금	상여	체크
펀드	기타	현금
기타		
합계	합계	합계

	외식	쇼핑	문화	기타	총소득	
월 예산					총지출	
잔액					총잔액	

목표 달성	
챌린지	
지출	
저축	
수입	

잘한 점	반성할 점

MEMO

2026 연간 결산

	1월	2월	3월	4월	5월	6월
수입						
지출						
저축						

		1월	2월	3월	4월	5월	6월
변동지출							
고정지출							
돌발지출							
저축							
보험							
수입							
신용 체크 현금							

7월	8월	9월	10월	11월	12월	합계

2026 돌아보기

2026년을 되돌아보자.
한 해 동안 나의 소비 스타일은 어떻게 변했을까?

2026년 가장 컸던 소비

2026년 가장 잦았던 소비

2026년 가장 후회했던 소비

2026년 가장 잘했던 소비

나의 목표 달성률은?

목표	달성률	비고

2027년 계획

MEMO

내 집 마련 십계명

제1계명
미혼 때부터 주택 마련 계획을 세우라

제2계명
골든타임(15년) 안에 살 수 있는 최고의 집을 사라

제3계명
자녀 입학 전, 무주택 시기에는 최대한 집 규모를 줄이라

제4계명
목표 주택으로 가기 전, 청약통장을 디딤돌로 삼으라

제5계명
부동산 중개업소 사장님과 친해지라

제6계명
주택은 반드시 대출받아서 사라

제7계명
위치가 나쁜 큰 신축보다 위치가 좋은 작은 구축을 사라

제8계명
무조건 공동주택, 되도록 500세대 이상인 주택을 사라

제9계명
지역별 으뜸 주거지 또는 그에 가까운 주택을 사라

제10계명
갑자기 비싸진 집, 그 이유를 모른다면 구매를 피하라

1억이 10억 되는 그날까지-